MÉTHODE DE LECTURE SIMPLIFIÉE

ET DÉBARRASSÉE DE TOUTES DIFFICULTÉS.

PAR R.....

> Plus une méthode de lecture est simple, plus elle convient à l'enfant.

Propriété

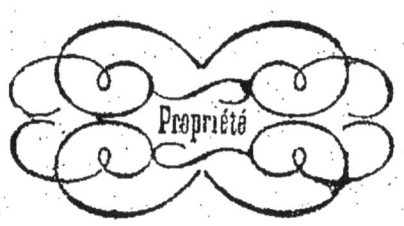

PARIS,
BORET, LIBRAIRE,
rue Hautefeuille.

SAINT-ÉTIENNE,
PONSTON, LIBRAIRE,
place Marquise.

1845.

PAR LE MÊME AUTEUR :

JEU pour faciliter la connaissance des lettres, l'épellation et l'orthographe.

LETTRES rangées en cercles concentriques, pouvant former 1600 syllabes.

LETTRES rangées en colonnes mobiles, pouvant produire le même nombre de syllabes.

TABLEAUX de lecture.

ABRÉGÉ d'arithmétique.

ABRÉGÉ de grammaire.

EXERCICES d'orthographe.

OBSERVATIONS ESSENTIELLES.

I. Comme le jeune enfant retient plus facilement un mot qui lui est familier que le nom d'une lettre qu'il n'a jamais entendu prononcer et que rien ne lui rend sensible, on a placé des mots de ce genre au-dessus de chaque lettre ou de plusieurs qui se prononcent de même. Ces mots peuvent être remplacés par d'autres, selon les habitudes des enfants ou l'usage des lieux : par exemple, le mot *tenaille* placé sur la lettre *t* convient aux enfants de menuisier, de serrurier, etc. ; pour un enfant d'écrivain, on pourrait remplacer ce mot par celui de *teneur de livres*. La première syllabe de ces mots doit se prononcer comme la lettre qui est au-dessous, et lorsque l'enfant les a parfaitement appris comme étant le nom des lettres, on lui dit que ces mêmes lettres ont aussi un petit nom indiqué par la consonnance de la première syllabe de ces différents mots. Ainsi, le mot *melon* placé au-dessus de la lettre *m* indique son grand nom, et la première syllabe *me* de ce mot désigne la prononciation du petit ou du vrai nom de cette lettre.

II. Faites apprendre à vos élèves d'abord les deux premières lettres, puis à ces deux premières joignez-y une troisième, puis une quatrième, ainsi de suite, ayant soin de revenir sans cesse sur celles que l'élève a déjà apprises, évitant le mauvais procédé de certains instituteurs qui font, de prime abord, nommer toutes les lettres à leurs élèves, et surchargeant ainsi leur mémoire, n'obtiennent aucun résultat satisfaisant.

Des consonnes, des voyelles et des syllabes.

J'appelle *consonne* une ou plusieurs lettres réunies qui n'ont pas de son par elles-mêmes, mais qui sonnent avec le secours des voyelles. Les consonnes *bl, br, cl, cr, dr*, etc. se prononcent naturellement en nommant très-vite les deux petites lettres qui les composent. (Voir ces consonnes, page 4.)

J'appelle *voyelle* une ou plusieurs lettres réunies qui peuvent former un son. (Voir ces voyelles, page 5.)

Les trois lettres *m*, *n* et *t* font partie d'une voyelle double ou triple quand elles sont précédées sans être suivies de *a e i o u y*.

Ainsi, il y a des voyelles et des consonnes simples (d'une seule lettre), comme *a*, *i*, *r*, *m*; doubles (de deux lettres), comme *an*, *ou*, *bl*, *gn*; triples (de trois lettres), comme *eau*, *ain*, *ill*. On prononce ensemble les lettres réunies qui forment les voyelles et les consonnes doubles et triples sans nommer chaque lettre en particulier. C'est de cette manière que la prononciation des voyelles et des consonnes conduira naturellement à la lecture des syllabes.

Une *syllabe* est formée d'une voyelle seule ou précédée d'une consonne qui sonne avec elle; ainsi, le mot *enfant* est composé de deux syllabes dont la première (*en*) est formée d'une seule voyelle double, et la deuxième (*fant*) est formée d'une voyelle double précédée d'une consonne simple qui sonne avec elle. Quelquefois la voyelle est suivie d'une consonne qui ajoute à sa prononciation, comme dans la deuxième syllabe du mot *cheval*, la consonne *l* ajoute à la prononciation de la voyelle *a*. Mais comme il arrive très-souvent que ces consonnes, ainsi placées après les voyelles ne se prononcent pas et ne servent qu'à embarrasser les élèves, il est important de leur faire négliger, jusqu'à ce qu'ils sachent lire presque couramment, toutes celles qui ne sont pas suivies immédiatement de voyelles; par là l'épellation de toutes les syllabes sera aussi facile à apprendre que la partie de la lecture qu'on appelle le *b, a, ba.*

 (Voir la suite page 39.)

Consonnes ou marteaux.

besace | demain | jeu | leçon
b B | d D | j | l L

melon | nœud
m M mm | n N nn

petit | repas | cerise
p | r R | s | ç

tenaille | velours | que-ce
t T | *v* v | *x* x

rose | (point de nom) | queue
z | h H | c | k | qu

guenille | fenêtre
g G | gu | f F *f*

fenêtre | vigne | cheval | feuille | ble
ph | gn | ch | ill | bl

bre | cle | cre | cre | dre
br | cl | cr | chr | dr

fle | fre | | gle | gre
fl | fr | phr | gl | gr

ple | pre | tre | vre
pl | pr | tr | vr.

Voyelles ou enclumes.

âne des œufs

a A *a* e E *e* ent

étoile

é ez ai ay er

ailes

è ê et ei ais

ailes image hue

ait aient i I y u

eau-de-vie infusion

o au eau in im

infusion enfer

yn ain ein an

enfer

am en em ents

ongle un deux trois

on om un um

heure oiseau chien

eu œu oi oy ien

oublie portion menteur

ou tion ment.

Voyelles et consonnes mélangées.

**b ou c d ai f œu g eu je oy k oi
um m un n om p on en eau r au s
em t v am z an ç ein x ain h aim
qu a gu e ph é gn è ch ê ill i bl o
br u cl ei cr y dr in fl im fr en vr
aient et ay ais ent er chr ait ien.**

Lorsque l'enfant connaît parfaitement les voyelles et les consonnes, le maître fera épeler sur le tableau des lettres chaque consonne avec toutes les voyelles, et chaque voyelle avec toutes les consonnes. Cet exercice, qui doit se renouveler souvent, a l'avantage de faciliter la connaissance des lettres et l'épellation. (Voir la manière d'épeler, page 39.)

Syllabes composées de deux petites lettres.

**vo bo va bu tu ca to té ré tè lo
vu ba sa be vi bé vê bê vé bi ve
ti te co ta cu çu da ço de si dé sê
di dê sé do mê du ru sa ro se ri
rè sè re so ra su pu ga po lè pi
gé pê gi pé ge pe go pa gu nu ja
no je ni jé nè ji ne jo na ju mu
ka ku zu la zo le zi lé zè li zé né.**

Syllabes composées d'une consonne simple et d'une voyelle double.

Si l'enfant se trompe en nommant une lettre, il faut la lui faire chercher sur le tableau ou la lui montrer sans lui en dire le nom.

beu noi hum mom xem lam zim
jet vay ten cyn dyn geu sai fun
ron cen bin get tez jei vei gai
teu fyn zoy lumçom mem bam
pim rez det fez sez gou tai gyn
jeu vei zeu loi moy nun hon
xum nom bau men cemhyn lan
kam jim din gan fam çau tem
vau son zom jyn run xoi pum
noy heu moi xeu loy zei hou
xon kyn nan jai vou ger tin bon
cou dan hai çan fen lyn sem rau
don com bun doi çoi pan nez poi
boi myn reu cei sou fai ter jez
ven let hom mer roi nyn bay zau
con voi den tum fet cum gez ran
hoi pyn sen jan bet kin lun nen

met bai dam cai fei ryn hen goi
jau lou kau nay pen min ret çoy
tam syn can xou voy veu zun
bou san dau foi jen gon tyn hau
lon mun pon nau sau ren tim
vun çai lai vyn koi joi hez gau
fau dou cun bez zai xau vai tun
xyn ser rin çun pin non mai ray
mei peu van sum pay boi feu dun
cau lei hou gay jou mou pou net
sun rai çon tay pai vez bet cay
deu man fin pem rei soy nai rer
fon roy mim pei toy ban cam dai
jum gei lin nei sin vam fou may
p[illegible]n r[illegible]m tei çam tou rim fem neu
mam per vin seu num ler bim
gin ner nin jin dim bem cum der
fim gem hin jam ken len mon
poy rem sim tam vem ber mez
day foy gam hun keu joy lay
mau ner pau rom sam ton vim

xĩn zon tom mum bom cœr dem fay goy jem bei him lem meu pom nam rum tau sei vet bum mau pam nou coy dom hei gim jon say her dei gen fer lau hay vom ceu gun fom tet han jer sim lom dum cim ham vum çay doy lim jay fum gom set jom som.

Syllabes composées d'une consonne double et d'une voyelle simple.

qua vru que vro vri qué vrê qui vrè què vre quo vra qu'u tru gua tro gue tri gué trè gui tré guê tre guo tra guu pru pha pro phe pri phé prè phi pré phê pre pho pra phu plu gna plo gne pli gné plè gni plé gnê ple gno pla gnu gru cha gro che gri ché grè chi gré chê gre cho gra chu glu bla glo ble gli blé glè bli glé blê gle blo gla blu fru bra fre

bre fri bré frê bri fré brê fre bro fra bru flu cla flo cle fli clé flé cli flê clê flè clo fla clu dru cra dro cre dri cré drê cri dré crè dre cro dra cru.

Syllabes composées d'une consonne simple et d'une voyelle triple.

bien cait tent gait veau jais leau mais pain dien rait sent heau kain xein çais lait cœu fain zeau neau tien lent gain beau jain vien peau kais nœu rien hait xais feau cain sait deau zein rœu bais zœu xeau dait vœu fait tais gien çait hais sœu jeau rain keau ment pais neau bœu dain cais fien hien gent jœu lien kent mœu pent nais reau tain seau zais xœu sein bent vais cien tein dais çain fein rais geau pein hœu jien nait kien mien lœu bait ceau dœu fais ga's hain jein nait kœu lein mein nain pœu rein sais tœu vain xait zais bain gein cein hein dein nien kcin pait lais rœu main teau hent pien vait cent tait sain mait gein nent nait rent sien fœu dent lain fent gœu bien vent nais vi gne ron pli a ble mon tau ban sau ton dou ble seau vi an de pou dre trou peau.

Syllabes composées de consonnes et de voyelles doubles.

quin vrou quan quau vrau quon vray quun vrum quoi vroin queu vrau quai vrem guim vrin guam trou guau trei guem treu guum troi guoy trun quou tron guai trau guou tren phin trin phan prou phau prai phou pram gnim prim gnam plou gnau

plei gnom pleu gnum ploi gnoy
plun gneu plon gnai plau gnou
plan chim plim chen grou chau
grai cheu greu chun groy choi
grum chem grom chei grau
chou gram blin gren blem glou
blau glei blom gleu blum gloi
bloy glum blou glan brin glim
bran freu brom frai brum froy
brai frun bren fran bron frau
brun froi broi frum breu from
brei fren brou fram clen frin
creu droi crau drai cron dreu
crun droy drum croi drom cren
drau crei drem crou drim plet
dray quet fray.

Syllabes composées de consonnes et de voyelles simples, doubles et triples.

bain pheau cœu gnain deau
chœu fein bleau brein jain clœu
lain creau main drein nœu flain

peau frain gein raim greau sain
plœu tein praim veau train zœu
vrain phœu grait chaient bien
blien bais claient creau chré
draient flait fraient glain grœu
plait praient trait vrais ille
chien phein gnaient blœu
braient clait craient chri drais
flaient frœu glais grais plain
prais traient vrais quœu illaient
quais gait phais gueau chais
blais brœu clien crais chro drœu
quaient flais frais glaient grain
plaient preau trien vraient illo
laient guaient geau faient gneau
chait blaient bain crait cru chru
drait fleau prait teau vain pon
raim greau sain plœu tein prau
praim veau train zœu vrain det
phœu grait chaient bien blien
bais claient creau draient flait.

MOTS.

Les mots suivants doivent être lus en épelant et par syllabes, et si l'élève se trompait en prononçant une syllabe, il faudrait la lui faire épeler de nouveau.

Dans l'épellation, on ne doit jamais nommer deux syllabes à la fois.

Ocre paille lèvre maçon nature
œuvre pain cri code libéralité
navet ogre paladin libération
madame navette olive palais
colère libre madré navigation
olographe olympe navire lieu
critique étape charade lièvre
magnanime épilogue poinçon
chronique préparatoire moirer
péché fuite chuchoter épingle
continuation ivoire contrition
chûte épinglette chantre pioche
contribution clarinette meuble
prérogative contrôle molière
pruneau canton poivre délation
pôle également biche capitale
délicatement punition fauchait

récréation lapin jubilation
milieu agrément égratignure
poli médire faute parement
jujube grèce pureté méditation
laquais père redite militante
latin jules gratitude demande
aigu bière capuchon politique
purification redoublement ainsi
demi élévation fauve idolâtre
mélancolique pari redoutait
julien élève bien carabine
fauvette idole petite melon
pompe jupon grenade ignoble
parole pétition dénégation hait
ajoutaient emblême caracole
bijou peuplade refait poteau
ajoutait bilan carafe juré laurier
lettre nacelle oblation padelin
levain macaroni padou cochon
obligation crainte levier nain
machination oblique pagnon

Carambole dépense embûche fédération peuple avalanche mineur poule jurement groupe imitation feindre poupe émeraude miniature caravane dépouille émeri fendre guet impénétrablement lavande membrure patache phénomène alignement blé carême dérobement émeute fenêtre gaîté impiété jury lavandière même patène fin amadou blètes caricature déroute émigration fente gueule imprécation kilo implacable sabat pratique émotion fête amande boite cavalier détromper feu patente minorité piano empanaché ambition diable empire cave bombe guichet augure kilogramme lave précaution âme minute prédication réflexion picotin mémoire amende bonbon caveau dialogue émulation feuille guitare inclination vache indigne lire manche notable oranger panier manchon note vocale gibecière toujours vase dénomination mobilier patrimoine intègre fleuve toile vocation usurier trèfle valise finance utile vague oracle caprice vœu ombre poinçon vogue treize unité trente voile préférence voilà trépasse hydrogène oratoire pantalon anglais bouchon cham-

poin dîner entêtement fiche indigo litière
manchette notion dais pantin libre manda-
rin notaire pantomime viande mandement
noire ouate pantoufle ânon boucher cha-
meau divinité épanchement figure indiquer
livre novembre oubli papa nouveau oui
palpable âpre bouche chandelier dogue
épaule filet individu lendemain maniable
numération ouragan pape livret outre
papeline aune boudin chanfrein domina-
tion épailler filoche infatigable lentement
manière numéro cafetier location autre
autorisé fin infériorité locution manœuvre
nuque ouvrier papetier loi manquement
ovale pâques londres flan avare chanter
don épeler infidèle kilomètre paquet
longue manteau nymphe ove parabole
longanimité mantelet parachûte châtiment
mante parade loquet manture paradoxe
loto maquignon paralytique louche marais
parapet louer maraude paragraphe insen-
sible curé chenet comédien boulon miracle
piété refrain bourse insinuation flèche
comique boutique menton pâtre règle
brèche insipide fleuret cuve chevalet
salé lendemain souple salon pontife

cuvette flûte brevet patriote règlement préluder intégrité comité chevalier compagnon dorure foi intention brigade chevelure compatriote doublure foire intimité brignole intrépide patron méridien pignon règne fondamentalement douche chevet bon chrétien chèvre règne doute complet mode patrouille pilon régularité compliment chevreau douve briéveté fondation intrépide brodequin préméditation pilote contigu comte chevron condition douze fondre inutile pâture bronze mérite premièrement chicane confrère méritoire dragon pilule fondrière invalide brûlais modération paume régule bure fonte drague chien congrégation drapeau fondre invariable pin invitation chignon prenable chimère bureau conjuration drogue fouet invention chimique prendre remue métier conquête drame fougue italique burette prénom modique drôle frais mètre pauvre rejeton pinceau chiné consacrer doler frégate mine pauvreté relâche préparation choquer consécutivement dupe frein chou consigne duvet frêle buvette métrique peau relais pince chouette consonnes éperdu frelon chrême contemporain éperon frère chantier moineau chrétien contentement épi faire chantignole frivole négation ombre palatin netteté ligne charité étau ivre palatine ombrer magnifique omelette figue maille neutre oncle pâle fumigation charivari palfrenier onde neuvièmement main limaçon maintien château palefroi neveu lime majeure nez onze palet limon châtelain amendement bonbon chaloupe dieu émule fente incomparable kilolitre layette majorité nitre onzièmement pré ami bonté chalumeau dignité enchantement fève incompatibilité lavure malade noble opéra pompe niveau limonade ample chambranle bigue enclore furet incomplet lazaret âme bronze chambre dimanche enclume inconduite leçon legat inconsidération fiacre limonière maladroitement opération pampre âne botanique champêtre dîme encre inconsolable légalement linon malentendu nom roi pan incrédule légation linteau malignité nombre opiniâtre panache indication legume lion malin nomination opinion panade indignation liquide maman nonante oracle pénétrer enquête angle bouche champignon dinde ensemble avoine chatière colifichet étoile infini aveugle chaudière colique étude bouillon chaudron colombe crochet injure croquet chaume colon croquignole étui inondation axe boule inquiet étuve croûte chaumière collier insalubre événement boulet chemin colorier cruche évolution insensé boulette chaîne combe fléau insensibilité patin bouquet refonte cube mention abandon badin cabale dague éboulement fable gâche habitation patte louvre mare montagne peindre piton proche qualité rabais abîme bagne cabane dais ébranchement fabrique gain habitable jaculatoire labourable louve tasse mari montre peine plainte prochain quantité rachetais ablution baguette cabaret dame ébranlement écaille fabrication galère habitude jalon chalet marin monture peintre plan proclamation bluet bain cabinet danse échelette cabriolet façade galérien hameau jamais laboratoire lucre marine moralité pélerin planche abri balance cachemire date échelon fâchaient galoche ameçon jambe labourer lunette marocain motion pélican planète profanation quarante rade abricotier bambin cacheter dauphin écheveau façon galon harangue jambon lacet lumière matin mouche pelote plante prolongation quatre radeau abrogation bambou cachet dé échevin cadeau fin haute lâche lunatique maturité moucheron peloton plaque quenouille promontoire rame académique ban cadette détacher échouer fait gauche hautain éclore janvier lacune familiarité gaude hâvre japon lady moulin peluche rampe quinquina rameau pelure achèvement plateau bandeau cadre plâtre prône décapitation école quinze famine gaufre rançon hébreu jaune lame lundi mauvais pli mouton pronom rancune lamentable pendre achever javeau gaze fanatique écolier déchirement cadre banque chronique café heure lune mauve pendule rape mouvement plume lunette mécaniquement père plumet rapide propagande banquet achromatique cafetière déclin énorme fanfan gazette javeline hibou lamentation javelle lutin propre proche mèche lutrin mufle pénétration rapine protêt lampe

PHRASES.

A votre réveil, donnez, mon cher enfant votre pensée à Dieu ; faites le signe de la croix, puis prononcez dévotement les doux noms de Jésus, Marie, Joseph ; levez-vous à une heure réglée et aussi matin que votre santé le permettra, eu égard aussi à votre état, à vos affaires, et à vos autres dispositions. Etant levé, prenez de l'eau bénite, mettez-vous à genoux devant une image et faites posément votre prière ; ne la quittez point jusqu'à ce que vous l'ayez achevée. Prononcez bien chaque mot, tenez la tête droite, les yeux baissés et le cœur attentif à ce que vous dites. Si vous le pouvez, entendez tous les jours la sainte messe. Travaillez selon votre état et votre condition ; offrez votre travail à Dieu en le commençant. Avant le repas, faites la prière suivante : « Grand Dieu, de qui nous tenons tous les biens, bénissez, s'il vous plaît, la nourriture que nous allons prendre, faites que nous en usions avec sobriété, dans le dessein de conserver une vie que nous ne devons employer qu'à vous servir. Après le repas, dites : Seigneur, nous vous remercions très-humblement de la nourriture que vous avez donnée à nos corps, veuillez nous pardonner si nous avons donné quelque chose à la sensualité ou à l'intempérance. Soyez vous-même, par votre grâce, la nourriture éternelle de nos âmes. »

Pendant la journée, ne demeurez jamais sans faire quelque chose d'utile ; fuyez l'oisiveté, mon cher enfant, qui est la mère de tous les vices ; évitez l'intempérance dans le boire et le manger; car jamais un gourmand ni un ivrogne n'ont été sages ; fuyez la compagnie des libertins. Gardez dans vos habits une telle modestie que vous ne puissiez donner à personne occasion d'offenser Dieu par votre mondanité. Le matin en vous levant, le soir en vous couchant, habillez-vous et déshabillez-vous promptement, avec modestie, vous persuadant que Dieu et votre bon ange considèrent toutes vos actions particulièrement pendant ce temps. Confessez-vous souvent à un prêtre à qui vous découvrirez votre cœur sans lui rien cacher par honte ou par crainte. Les enfants menteurs sont les enfants du démon, le Saint-Esprit n'habite point dans les cœurs doubles. La coutume de mentir est infiniment pernicieuse à la jeunesse, elle ouvre la porte à une infinité d'autres vices; un menteur deviendra fourbe, trompeur dans sa conduite, double en ses paroles, infidèle en ses promesses, hypocrite en ses mœurs, dissimulé en ses actions, flatteur et lâche quand il faut dire la vérité, hardi et effronté à inventer des mensonges, impudent à les soutenir, parjure en assurant des choses fausses avec serment, défiant à l'égard de chacun, médisant et calomniateur. Ayez un cœur simple; ne dites jamais les choses autrement que vous ne les pensez, quand même il ne s'agirait que de choses de peu de conséquence et que vous ne les diriez que pour rire ou pour vous excuser.

Il n'y a qu'un seul Dieu, mon cher enfant, qui a fait le ciel et la terre, qui vous a donné la vie et tout ce que vous avez et qui vous aime comme son enfant. Il y a trois personnes en Dieu: le Père, le Fils et le Saint-Esprit; ces trois personnes ne font qu'un seul Dieu. Le Fils de Dieu s'est fait homme en prenant un corps et une âme comme nous ; il a souffert et il est mort pour nous délivrer de l'enfer et nous mériter le paradis. Le paradis est un lieu de délices où habitent Dieu, les Anges et les Saints. Vous irez en paradis, mon cher enfant, si vous êtes bien sage et si vous mourez en état de grâce. Les méchants, après la mort, sont jetés dans un lieu rempli de tourments et de supplices éternels. Ce lieu est appelé l'enfer. Votre corps pourrira après la mort, mais votre âme ne mourra jamais.

Portrait de l'honnête homme.

Rendez au Créateur ce qu'on doit lui rendre.

Réfléchissez avant que de rien entreprendre.

Point de société qu'avec d'honnêtes gens.

Ne présumez pas trop de vos heureux talents.

Conformez-vous toujours au sentiment des autres.

Cédez honnêtement si l'on combat les vôtres.

Faites attention à ce que l'on vous dit.
Et n'affectez jamais d'avoir beaucoup d'esprit.
N'entretenez personne au-delà de sa sphère,
Et dans tous vos discours soyez toujours sincère.
Tenez votre parole inviolablement.
Ne promettez jamais inconsidérément.
Soyez officieux, complaisant, doux, affable,
Et pour tous les humains d'un abord favorable.
Sans être familier ayez un air aisé.
Ne décidez rien sans l'avoir bien pesé.
Vivez sans intérêt, pardonnez sans faiblesse.
Soyez soumis aux grands, sans aucune bassesse.
Cultivez avec soin l'amitié de chacun.
A l'égard des procès, n'en intentez aucun.
Ne vous informez point des affaires des autres;
Avec attention attachez-vous aux vôtres.
Prêtez sans intérêt, mais toujours prudemment.

S'il faut récompenser, faites-le noblement;
Et de quelque façon que vous vouliez paraître,
Que ce soit sans excès et sans vous méconnaître.
Compâtissez toujours aux disgrâces d'autrui.
Supportez ses défauts ; soyez fidèle ami.
Surmontez les chagrins où l'esprit s'abandonne,
Sans les faire jamais rejaillir sur personne.
Où la discorde règne établissez la paix,
Et ne vous vengez point qu'à force de bienfaits.
Reprenez sans aigreur, louez sans flatterie.
Riez honnêtement, entendez raillerie.
Estimez l'artisan dans sa profession,
Et ne le critiquez point par ostentation.
Ne soyez pas ingrat; payez toutes vos dettes.
Sans jamais reprocher les plaisirs que vous faites,
Prévenez les besoins d'un ami malheureux.
Sans prodigalité, montrez-vous généreux.
Modérez les transports d'une bile naissante.

Jamais ne parlez mal de la personne absente.
Dans la perte ou le gain suivez la loi divine.
Au jeu, que l'intérêt jamais ne vous domine.
Toujours, dans vos discours, modeste retenu.
Que rien sur vos devoirs ne vous soit inconnu.
Parlez peu, pensez bien et ne trompez personne,
Et faites toujours cas de tout ce qu'on vous donne.
Loin de tyranniser le pauvre débiteur,
De sa tranquillité soyez plutôt l'auteur.
Au bonheur du prochain ne portez point envie.
Ne divulguez jamais ce que l'on vous confie.
Gardez votre secret, ne vous vantez de rien,
Vous serez le portrait du sage et du chrétien.

Si le maître veut, dès à présent, diminuer le nombre des fautes que fait l'élève en lisant, il faut qu'il lui apprenne graduellement les quatre observations ci-après ; mais si l'enfant est très-jeune ou peu intelligent, ce serait arrêter ses progrès que de vouloir lui enseigner des règles qui sont au-dessus de la portée de son esprit ; il continuera donc à lire simplement comme si chaque syllabe n'avait que deux lettres, et cela jusqu'à ce qu'il lise un peu couramment.

1re OBSERVATION. — Les deux lettres *C.* et *G.* prennent le son doux devant *e* et *i*.

Exercice.—Ceci généalogie principaux malice abatage genou étage abrégé cela décourager évangile gigot affliger cèdre engrenage girouette céleri affûtage breuvage cendre étrange cène gilet alongement centime genre ciboire ange ciboule gage contagion agir cidre agitation cigare gîte ciment vorace sauce cimetière aunage tierce cinq agenouiller vigilance cirage indocile ignorance clémence âge grimace concile agence glace gibecière conférence.

Après chaque exercice, il est très-utile que l'élève cherche dans un livre d'autres mots semblables.

2e OBSERVATION. — S entre deux voyelles se prononce *Z*.

Exercice. — Rose abusaient basane cause décision écluse frange généreusement hasard impétuosité affreuse causeuse base délicieuse église serre fromage glorieusement hésitation chemise gosier blouse analyse curieuse envisager.

3e OBSERVATION. — Le *r* non redoublé ni suivi de voyelle se prononce avec la voyelle qui précède.

ar ir or ur air eur oir our

Exercice. — Arbre percer (1) accord barbare hermite Accourir barbouillage carnage serve perfectionne mercredi garde acharné ouvertement herbe acquérir carmélite fermer adorateur servante berche adoucir carlin tabernacle amateur berline carpe alors certainement sermon amorce carton merci affranchir serment berger ajournement carte appréciateur cartouche arbitrage censeur arche merle archevêque.

4e OBSERVATION. — Les deux lettres **il** se prononcent **ile**, les deux lettres **el** se prononcent **èle**. Le **e** se prononce un peu ouvert dans les huit petits mots *les, des mes, tes, ces, ses, est, es*; et quand il se trouve suivi de deux consonnes ou de **x**.

Exercices. — Accidentelles chandelles sexe vitesse guerre tonnerre artificiel Tour-de-Babel belle sœur caramel ciel tu es mes échelles messe citadelle autel dégel il est caresse sagesse ses terres pierre ancienne cellule des demoiselles elle cordelle formellement corporelle

(1) Les lettres *er* suivis d'une consonne suivent la 3me et la 4me observation et se prononce *ère*.

cruel avril fil illumination filtre illusion celle femelle.

Application des quatre observations précédentes.

Marchandises renard noisette vergette usurpateur uniquement syllabe résine procès orgue intelligente hasarder marcher verger tragédien noblesse verbe océan horloge poignard répugnance surnom théâtre parfait vengeance manège tranquille urgence préface nécessité incarnation hasardeusement langage jardinier vers universel tyran refleurir tourte sauterelle imagination ordre topographique neige laquelle ventouse théologien retour indocilité surveillance turban paresse noël trapèze velours traversin repentir venir législateur vendange surcharge oriflamme martinet hardiesse irréligion traduire venimeux journée linge tragique veilleuse précipice hanneton tremblement vengeresse sénateur harmonieuse velouter topaze paisiblement homme lequel imposition trébuchet placard intervention vaudeville tondre réconciliation lame surface magasin hôtel ignorance tourneur vapeur trompette répétiteur obligeance immeuble lisière veine usine recette tranquillité service vanité tenture sauveur impersonnelle lourdement vaporisé tournebroche surcroît vénération tribulation usage orgueilleusement immensité tonsure verdure réel hareng tirebouchon ventose largeur naturellement ventre tordre nageoire orphelin silence toque véniel officiel tige silencieuse imitatrice vendredi université typographe raison tailleur légèreté vendangeuse tutrice unique tutelle vélin retordre honneur ingénuité profil urne végétable turbulance remise véhémence tulipe sérieuse légion renfoncement porte enseigne tuile régence tubéreuse vache hirondelle puce truite satellite trempe troupe sacerdoce témoignage préposition thème variété immortifié préjudicielle guérison tripoli habituel trinité hardi vaisseau image tranchet netteté tolérance mortel patronage remercier menter trouble modicité tropique origine pairs trône sentencieusement trique perte heureusement mille tourment vatican surprise trompe immortel tour rosace portière redite trésorière immortalité triolet intellectuelle nouvellement train vainqueur trois pince morceau lumineuse invisible triquet louange promoteur triple varlope tricoteuse pesamment lorgnette séance tribut vacance travaillèrent loisir rôtisseur sentence tartre réparateur mesure triomphateur logement septembre masure utile résoudre trinquer superficiellement tabatière lisible volume zône abandonne tétrarque épinard signe torture volubilité zodiaque reconnaissance rétrécir cymbale partout organe méfiance rouge prose négociation militaire forum charpente décès tête volonté fardeau gendarme hardiment décime terrible sécheresse radoucir four décharge zéro volontairement tourterelle force déploiement acier volière tracer zèle forge affluence voleur difficile territoire marquis zélatrice volet forme terme diligence marchander volant yeux agacement charpie docilité fort vole tendresse vraiment domicile alliance parloir fortune voyer doléance cordon ancien voyelle ténébreux fourbe courge ancètres voyageuse tendre récitation fourche césar voyageaient ténacité compositeur voiture temps fourchette indice voûte temporellement parleuse fourneau voulait tempête évidence fabricien audience vous tempérance confirmation fourniture gorge voilà voulant témoin char dégorgement frémir voulons tellement garion écorce chassé douleur votre teinturier garde voué incarnation télégraphique avariée calame voter importance élargissement votant témérité empereur charbon équipé taureau garnir charge vomitive taupe charmant vomissement douceur épargne tartan vomissaient corde égorger dormeuse volute cornet prendre glisser volumineuse vengeance frappe écart devons volait tambour corps contagion entorse détordre volage savoir tressaillement précieuse voiturier claquement omelette voix tricher cortége potage écarlate voisine tricolore partage détour course voisinage traverse voit florence parrain désobéir voile tournure capacité

Lorsque le maître voudra que l'élève ne fasse presque plus de fautes en lisant, il lui apprendra graduellement les autres observations qui suivent; mais, je le répète, il faut que l'enfant lise à peu près couramment dans un livre quelconque avant de le faire dans ce labyrinthe.

3me OBSERVATION. — Les consonnes *b*, *c*, *d*, *f*, *l*, *r* et *s* non redoublées ni suivies de voyelles se prononcent presque toujours avec la voyelle qui précède, excepté le *s* qui ne se prononce pas à la fin des mots, *rois*.

ab	**ac**	**ad**	**al**
abjurer	acte	admirer	Alger
Absalom	action	admission	halte
ar	**as**	**ec**	**ef**
argent	aspirant	lecture	chef
ardeur	astre	pectoral	nef
el	**es**	**ic**	**if**
bel	esprit	dictée	vif
Elbœuf	estomac	dictateur	pensif
il	**ir**	**is**	**ob**
vil	virgule	histoire	objet
fil	Irlande	pistolet	obtenir
oc	**ol**	**or**	**os**
octave	mol	ordre	hospice
nocturne	col	ordinaire	hostie
uc	**ul**	**ur**	**us**
suc	ulcère	urne	ustensile
ail	**air**	**eil**	**euil**
bail	chair	pareil	fauteuil
eur	**ins**	**oir**	**our**
peur	instinct	noir	pour

6e OBSERVATION. Le *p* et le *s* suivis d'une consonne et 1res lettres d'un mot se prononcent seuls, excepté le *s* devant *ce* ou *ci science scier*.

Exercices. — Psaume sbire scandaleux scrutin sculpteur psorique spéculer spéciale spectateur sphère scie spiral splendide spongieux spontané psalmiste stable stagnant statice statuaire stimulant stipulais squelette strict structure stupéfaites style stupide station stère stérile stuc.

7e OBSERVATION. — Au commencement et au milieu des mots, le *c* et le *s* se prononcent entre deux consonnes.

Exercice. — Inspecteur sanction instance sanctifier onction instituteur conjonction démonstration ponctualité instrument sanctuaire transparent fonction transversale arctique transpiration instabilité obstruction sanctification.

8e OBSERVATION. — Les deux lettres *e* et *ent* à la fin des mots ne se prononcent pas quand elles sont précédées d'une voyelle.

Exercice. — Athée charretée contrarient futée armée châtient Marie poulie avouent pie rosée diminuent folie rue laitue laine portée modestie créent ortie rôtie sacristie pourvoient eucharistie oie proie agréent prie tue paie glorifient partie copient étourdie écurie jolie scie prévoient sue coupée habituent vie pluie plient envie lie revoient.

9e OBSERVATION. — *ai* fait *è* au milieu des mots.

Exercice. — Taire saisissant saison saignée raisonnable maire solitaire rosaire distraire faire notaire ordinaire paire affaire chaire inventaire militaire primaire calvaire plaire volontaire salaire raison vicaire baignoire baiser maison maigre prairie pétitionnaire originaire paisible populaire laiche lainage laiterie faiblesse faiseur.

10ᵉ OBSERVATION. — L'*y* précédé d'une voyelle se prononce comme deux *ii*.

Exercice. — Aboyant payer envoyais tuyau joyaux boyaux frayais effrayaient prévoyons fuyez déployais balayer broyant côtoyais délayant ennuyer noyer rayer tutoyer ondoyaient essuyant appuyant bégayant moyen joyeux citoyen égayer employer flamboyant foudroyant.

11ᵉ OBSERVATION. — *tion* fait *ti-on* à la fin des mots qui sont précédés de *nous*.

Exercice. — Nous abritions nous absentions nous vantions nous achetions nous maltraitions nous plantions nous ajoutions nous culbutions nous goûtions nous boitions nous contestions nous consultions nous enchantions nous étions nous escamotions nous fermentions.

12ᵉ OBSERVATION. — Une voyelle surmontée de deux points se prononce seule ou avec la lettre qui suit.

Exercice. — Haïr païen aïeul héroïque faïence laïque poëme poële haïe noël Saül Moïse ciguë aiguë Zaïre Naïm Caïphe Esaü Caïn Ephraïm ouïr ouï-dire ouïcou ouïe Emmaüs Isaïe Israël Mizaël.

13ᵉ OBSERVATION. — *Ex* se prononcent *egz* suivis d'une voyelle *exact*; *eck* suivis de *c exception*; *eks* suivis d'une autre consonne *expert*.

Exercice. — Exalter excepter exacteur exporter exploitais expérimentaient exhortait exempter exécuter excavation exaucer excitatif excursion exécration examen exaspération expectant exorde exil existant exemption exercice exproprier expulsion excès exclure extrait expiration.

14e OBSERVATION. — *Ment* à la fin d'un mot qui est ou qui peut être précédé de *ils* ou *elles* se prononce *me*.

Exercice. — Ils aiment elles dorment ils charment elles sèment ils nomment elles entament ils fument elles somment ils impriment elles embaument ils consument elles enflamment ils abiment elles estiment ils calment elles entament ils trament elles répriment.

Substantif corps actuelle nord mascarade instruit luthéranisme beaucoup manufactures blanc orthodoxe juif savoyards gendarmes marchand.

Cri des animaux.

L'abeille bourdonne, l'aigle trompette, l'alouette grisolle, l'âne brait, le bœuf beugle, le bourdon bourdonne, la brebis bêle, le buffle souffle, la caille carcaille, le canard nasille, le cerf brame, le chat miaule, le cheval hennit, le chien aboie, les petits chiens jappent, la chouette hue, la cigale craquette, la cigogne claquette, le cochon grogne, la colombe gémit, le coq coqueline, le corbeau croasse, le crapaud coasse, le crocodile lamente, le courlis siffle, le dindon glougloute, l'éléphant barète, l'épervier glapit, le faon râle, le geai cajole, la grenouille coasse, le grillon grésillonne, la grue craque, le hanneton bourdonne, le hibou hue, l'hirondelle gazouille, la hupe pupule, le jars jargonne, le lapin glapit, le lion rugit, le loriot siffle, le loup hurle, le mangous coasse, le merle siffle, le milan huit, le moineau pépie, la mouche bourdonne, le mouton bêle, l'oie siffle, le paon braille, la perdrix cacabe, le perroquet cause, la pie jacasse, le pigeon roucoule, le pinson frigotte, la poule glousse, le poulet piaule, le ramier gémit, le renard glapit, le rossignol fredonne, le sanglier nazille, le serpent siffle, le taureau mugit, le tigre rauque, la tourterelle gémit, la vache mugit.

Manière d'épeler et de lire par syllabes.

1er *procédé*. Il est dit page 3 qu'une syllabe est formée ou d'une voyelle seule ou d'une consonne suivie d'une voyelle qui sonne avec elle ; eh bien, si l'on nomme très-vite la consonne et la voyelle telles que ces lettres sont établies pages 4 et 5, on prononcera naturellement la syllabe; par exemple pour le mot *peau*, qui n'a qu'une syllabe composée de la consonne simple *p* et la voyelle triple *eau*, en prononçant très-vite *p* et *eau*, on obtient la double prononciation *peau*. Si la syllabe n'a qu'une voyelle sans consonne comme celle placée au commencement des mots *ange* et *école* ou au milieu des mots *violon* et *diable*, ou encore à la fin des mots *jouer* et *saluaient*, il suffit de prononcer les voyelles *an*, *é*, *o*, *a*, *er*, *aient*, pour lire ces syllabes.

2e *procédé.* Il y a quelques rapports entre une consonne et un marteau, entre une voyelle et une enclume, puisque les consonnes en frappant les voyelles en tirent et en compliquent le son, à peu près de la même manière qu'un marteau en frappant une enclume en tire le son. On pourrait, afin de faire un jeu de la lecture et la rendre plus agréable aux enfants, appeler tout bonnement une consonne un *marteau* et une voyelle une *enclume*, et l'union de la consonne avec la voyelle, ce qui constitue la syllabe, un *frappement*. Par exemple dans l'épellation des mots *chien* et *drapeau*, on dirait : marteau *ch*, enclume *ien*, frappez.. *chien* ; marteau *dr*, enclume *a*, frappez.. *dra*; marteau *p*, enclume *eau*, frappez..*peau*.

3e *procédé.* — *Lecture par syllabe.* — Dans une syllabe, en supposant que la consonne soit regardée comme un marteau et la voyelle comme une enclume (ou comme un battant et une cloche, ce qui revient au même), l'enfant premièrement fixe et nomme tout bas l'enclume qui se trouve à la fin de chaque syllabe, puis la frappe avec le marteau qui est devant; par exemple pour l'épellation des deux syllabes qui composent le mot *pantin*, l'élève cherche et prononce l'enclume *an*, puis frappant avec le marteau *p*, prononce tout haut *pan*, ensuite de la même manière nomme l'autre enclume *in*, sur laquelle il frappe avec le marteau *t* et en tire le son *tin*.

Les deux derniers procédés deviennent faciles si l'on a soin, dès que l'enfant connaît les lettres, de le faire épeler comme il est dit page 6 ; par exemple prendre la consonne ou le marteau double *ch*, la joindre avec chaque voyelle pour en faire des syllabes *ch*, *a cha* ; *ch*, *au chau* ; *ch*, *an chan* ; *ch*, *é ché* ; etc., et de même prendre la voyelle ou l'enclume *ou* pour en faire autant de syllabes qu'il y a de consonnes *ch ou*, *chou*; *bl*, *ou blou*; *p*, *ou pou*; *ill*, *ou illou*, etc.

La chose essentielle est de ne jamais faire prononcer aux commençants aucune consonne non suivie de voyelle, afin de ne composer la lecture que de syllabes faciles telles que celles qui forment la partie appelée *b*, *a ba*, qui se trouvent au commencement des syllabaires, et par cette simplicité, de mettre les enfants à même de lire imparfaitement, il est vrai, mais en peu de temps sur un livre quelconque.

CONCLUSION.

Si l'on venait à élever quelques objections contre cette régle, que je pose comme essentielle, de ne pas faire prononcer aux commençants les consonnes non suivies de voyelles, je répondrais que je l'ai établie : premièrement, parce qu'elle m'a paru très-propre à simplifier la lecture ; deuxièmement, parce qu'il est impossible d'établir des régles qui indiquent les diverses circonstances où ces consonnes doivent se prononcer ; ainsi, par exemple, comment expliquer les cas où les consonnes *b*, *c*, *d*, *f*, *g*, *l*, *p*, *r* et *s*, placées à la fin des mots, sont nulles ou sonores, puisqu'il est impossible d'établir une régle générale sur cette matière ? de même, comment apprendre aux enfants les mots où les consonnes *b*, *c*, *d*, *g*, *l* et *r* redoublées, sont nulles ou sonores, puisque rien ne peut l'indiquer ?

La seule régle que l'on pourrait donner comme à peu près invariable, ce serait d'établir que la plupart des consonnes, lorsqu'elles sont suivies d'une autre consonne, se prononcent avec la voyelle qui précéde, comme dans *subjuguer*, *admirer*, *action*, *marbre*, *esprit*, etc.

Cette nouvelle méthode, on le connaîtra plus tard par l'expérience, sert singuliérement à abréger et à faciliter le chemin de la lecture.

Marie protége

les Enfants.

IMPRIMÉ A SAINT-ÉTIENNE, CHEZ THÉOLIER AÎNÉ.

www.ingramcontent.com/pod-product-compliance
Lightning Source LLC
Chambersburg PA
CBHW061009050426
42453CB00009B/1346
9782019492366